NOTICE GÉNÉALOGIQUE

SUR LA FAMILLE

CHOLIER DE CIBEINS

EXTRAITE DE L'HISTOIRE DE DOMBES

DE SAMUEL GUICHERON

PUBLIÉE

PAR M.-C. GUIGUE

Archiviste-paléographe

EN 1861

————— ∞ —————

PARIS

IMPRIMERIE DE J. CLAYE

RUE SAINT-BENOIT, 7

——

1870

NOTICE GÉNÉALOGIQUE

SUR LA FAMILLE

CHOLIER DE CIBEINS

NOTICE GÉNÉALOGIQUE

SUR LA FAMILLE

CHOLIER DE CIBEINS

EXTRAITE DE L'HISTOIRE DE DOMBES

DE SAMUEL GUICHERON

PUBLIÉE

PAR M.-C. GUIGUE

Archiviste-paléographe

EN 1861

—⊙—

PARIS

IMPRIMERIE DE J. CLAYE

RUE SAINT-BENOIT, 7

—

1870

CHOLIER

COMTES DE CIBEINS, BARONS D'ALBIGNY,

SEIGNEURS DE LA COLONGE,
FOURQUEVAUX, ARS, BUYSANTE, LA SERPOLLIÈRE,
LA MOCHE, BULLY, LE BREUIL,
MIZÉRIEUX, SAINTE-EUPHÉMIE, BEAUMONT, CHAZELLES,
SAINT-ÉTIENNE-SUR-CHALARONNE, ETC.

La famille de Cholier de Cibeins, étant la plus ancienne qui subsiste parmi les nobles races nées autrefois dans le sein de notre Dombes, ne saurait être omise dans cette histoire.

Il résulte de divers titres et terriers qu'en 1386 un membre de cette famille (issu lui-même par plusieurs degrés de génération de ROSTAING CHOLIER, qualifié damoiseau en 1297) possédait déjà de grands biens dans les paroisses de Mizérieux et de Sainte-Euphémie; ces biens passèrent à son neveu PIERRE CHOLIER, vivant en 1410, aïeul de JEAN CHOLIER, qui porta les armes avec honneur pour les ducs de Savoie. Il défendit la ville et le château de Villars en Bresse, qui leur appartenaient[1]. De lui naquit :

CLAUDE CHOLIER, qui servit les princes de la maison de Bourbon, en Dombes, et François Ier quand il eut saisi ce pays. Son fils lui succéda dans la charge de procureur général et s'appela comme lui :

CLAUDE CHOLIER, seigneur de la Colonge (près le bois Sainte-Marie), de Fourquevaux et d'Ars en Dombes, procureur général du prince souverain en son pays de Dombes, et son procureur au bailliage de Trévoux. Il fonda une prébende en l'église de Trévoux. Il paraît que sa famille avait sa sépulture dans cette église, puisqu'il y élut la sienne, par son testament, « au tombeau de ses prédécesseurs. » Il mourut en 1578, étant toujours demeuré ferme et fidèle dans la religion catholique[2]. — Sa femme, Catherine de la Bessée de Brameloupt, fut inhumée dans l'église de Saint-Didier-de-Formans.

Le 12 avril 1551, Claude Cholier fit aveu et dénombrement au Roi de la terre d'Ars en toute justice ; il est qualifié

---

1. Pernetti mentionne, dans ses recherches, ce fait d'armes que le duc Philibert récompensa par des priviléges accordés aux biens que Jean Cholier avait dans ses états.

2.
> « . . . . . . de son temps avoit gardé sa foy,
> Et de tout son pouvoir les edicts de sa loy,
> En demeurant toujours en l'Église romaine,
> Repoussant loin de soi toute opinion vaine. »

(Extrait de l'épitaphe de Claude Cholier, en vers français, imprimée sur parchemin et signée : « Guillaume Maignien, faisoit ce au deuil public, le 5 febvrier 1578. »

dans l'acte : « Vénérable messire Claude Cholier, seigneur
d'Ars. »

Il laissa pour enfants :

1° AIMÉ CHOLIER, seigneur de Fourquevaux en Dombes,
de Buysante, près Villefranche[1], conseiller du roi, président
de l'élection de Beaujolais, marié le 28 juin 1551, à Catherine
de Ponceton, fille de Philippe, seigneur de Francheleins, Laye
et Fontaine, et de Catherine de Riquet. Aimé Cholier fut
aussi un zélé catholique; les chefs calvinistes Saint-Aubans et
Blaccons le mirent à rançon en 1562[2]. Il forma une branche
dont les derniers mâles furent : ÉTIENNE CHOLIER, bachelier
de théologie, protonotaire Apostolique, prieur de Sainte-Croix
en Bourbonnais, doyen de Saint-Symphorien de Trévoux,
conseiller au parlement de Dombes, et BONAVENTURE CHO-
LIER, conseiller au conseil de S. A. R., son avocat général en
son parlement de Dombes, et conseiller-avocat du Roi, en la
sénéchaussée et au présidial de Lyon, mort en 1667, laissant
deux filles : 1° LUCRÈCE, femme de Pierre Maugas, écuyer,
seigneur de la Sidoine, conseiller au parlement de Dombes;
2° CLAUDINE, femme de noble Jacques Gray;

2° MARC-ANTOINE, qui suit;

3° GUILLEMETTE, femme de Hugues de la Roüe;

4° LOUISE, femme de noble N. Teporrier, capitaine-châ-
telain de Lent;

1. *V. La Roche la Carelle, Hist. du Beaujolais.*
2. *V. Boitel, Album du Lyonnais.*

5º Louise, femme de M. Claude Buaton, enquesteur pour Son Excellence au pays de Dombes.

MARC-ANTOINE CHOLIER, procureur général de S. A. S. en son pays et souveraineté de Dombes, fut employé par Henri IV en différentes négociations, tant (1596) auprès de Charles-Emmanuel, duc de Savoye, qui faisait la guerre dans le Dauphiné, dont le duc de Montpensier était gouverneur, qu'auprès de ce prince lui-même (1600). Ces affaires lui donnèrent l'occasion de paraître honorablement à la cour.

Noble Marc-Antoine Cholier mourut en 1616, à 75 ans, aimé et regretté de toute la Dombes; fidèle, comme son père, à la véritable foi, il ne donna pas dans les égarements de la ligue. Il fit quelques fondations dans l'église de Trévoux.

Il avait épousé, en 1569, Claudine de Villars, fille de noble François de Villars, conseiller en la sénéchaussée et présidial de Lyon, auteur d'un ouvrage sur le saint sacrement de l'autel, et de Françoise de Gayan, sœur de Balthazard de Villars, premier président du parlement de Dombes et du présidial de Lyon, si dévoué à Henri IV; de Pierre II et de Jérôme de Villars, archevêques de Vienne, et nièce de Pierre Ier de Villars, aussi archevêque de Vienne[1]. De ce mariage onze enfants, dont cinq seulement vécurent :

1º Claude, homme d'armes dans la compagnie du seigneur de la Bastie, mort jeune;

2º Mathieu, qui fut, après son père, procureur du prince au bailliage et en la souveraineté de Dombes; il se maria; il

1. Arrière-grand-oncle du maréchal.

eut sept enfants ; deux filles vécurent sans alliance ; une seule fille, Antoinette Cholier, fut mariée ; elle épousa Mathurin Maugas, conseiller de S. A. R. de Dombes, secrétaire de ses finances, contrôleur général de son domaine ;

3° ALEXANDRE, qui suit ;

4° HIÉROME CHOLIER, prêtre doyen de Saint-Symphorien de Trévoux, où il fonda, en 1630, une procession, conseiller et aumônier de S. A. R. ;

5° BLANDINE CHOLIER, femme de noble Philibert Barrel, capitaine de la ville et château de Trévoux.

ALEXANDRE CHOLIER, conseiller au conseil privé du prince de Dombes, procureur général du parlement, avec dispense d'âge, en 1598, conseiller du Roi en la sénéchaussée et présidial de Lyon, l'un des maîtres des requêtes de S. M., s'établit à Lyon, où siégeait alors le parlement de Dombes, et accepta d'être échevin de cette ville en 1618. La ville de Lyon et ses cours de justice le députèrent plusieurs fois au conseil privé, où il eut l'honneur de parler en présence du Roi ; enfin il fut conseiller assesseur de la juridiction primatiale et de la chambre souveraine du clergé de France, charges dont ses descendants furent successivement revêtus jusqu'en 1757, et où ils témoignèrent de leur zèle et attachement pour l'Église.

En 1601, il y eut de nouvelles lettres d'érection du fief de la Serpollière, à Savigneux, en faveur d'Alexandre Cholier, à qui il appartenait.

Noble Alexandre Cholier mourut en 1633. Il avait épousé : 1° en 1598, damoiselle Françoise Frère, fille de noble Simon

Frère, cousine germaine de Giraud Frère, seigneur de Charfelins, lieutenant général du bailliage de Dombes, et de Claude Frère, seigneur de Crolles, premier président du parlement de Dauphiné; elle mourut en 1607 et fut enterrée dans l'église de Sainte-Euphémie; 2° en 1608, Anne, fille de noble Richard de Serracin, seigneur de Prisi, de la Charretonnière et de Malleval, et de Lydie de Regnaud.

Enfants : Du premier lit :

1° LOUISE, femme : 1° de noble Mathieu Gambin, seigneur de la Garde; 2° de N. de Roncheval, seigneur de Lisle;

2° MARGUERITE, dame de la Serpollière, mariée : 1° à Pierre Chapuis, des seigneurs de Margnolas; 2° à François Goujon, écuyer, fils de Jean Goujon, procureur général de la ville de Lyon;

Du second lit :

3° PIERRE, qui suit;

4° LÉONORE, mariée, en 1639, à noble Jean Le Viste, seigneur de Briandas, conseiller au parlement de Dombes;

5° HÉLÈNE, religieuse ursuline à Lyon;

6° ALEXANDRE, reçu, en 1644, conseiller au parlement de Dombes, mort sans postérité.

PIERRE CHOLIER, né en 1609, mort en 1678, fut nommé au baptême par Pierre de Villars, archevêque de Vienne, son grand-oncle. Il eut les charges ecclésiastiques de son père, sa charge de conseiller en la sénéchaussée et présidial de Lyon, fut conseiller au conseil privé et souverain de Dombes, et conseiller au parlement de ce pays. La ville de Lyon le députa en 1648 à la cour, pour des affaires pendantes au conseil du Roi. Sa Majesté, satisfaite de la manière dont il remplit cette mission, le fit conseiller d'État.

Pierre Cholier ayant accepté, comme son père, d'être échevin de Lyon, Daniel, son fils, déclara le 19 septembre 1691, au greffe de l'élection de Lyon, conformément à un édit royal de juillet même année, qui autorisait cette démarche, qu'il se départait de la noblesse que sa famille aurait pu puiser à cette source, se réservant, dans le cas où on lui contesterait sa qualité, de prouver son ancienne noblesse par ses autres moyens de droit et de fait, et se fit donner acte de cette déclaration. L'élection était le tribunal compétent en matière d'impôts, et l'on sait que les usurpateurs de la noblesse recherchés à cette époque encouraient, outre la déchéance des immunités d'impôts, des amendes sévères.

Noble Pierre Cholier, écuyer, avait épousé, le 12 juillet 1631, Marie, fille de noble Daniel Johannyn, seigneur de la Sauvagère et de la Ruelle, et sœur de J.-B. de Johannyn, secrétaire d'État de Christine de France, duchesse régente de Savoie, et conseiller d'Etat en France. De ce mariage :

DANIEL CHOLIER, né le 1er novembre 1633, mort le 28 novembre 1700, conseiller de la juridiction primatiale et de la chambre souveraine du clergé de France, conseiller du Roi en la sénéchaussée et présidial de Lyon. Son zèle pour les fonctions de sa charge l'ayant entraîné à une opposition énergique contre un édit bursal dont la ville de Lyon était frappée, il fut exilé au port de Pilles-sur-Loire (1673). L'estime de la magistrature, une ode du P. de Bussières, poëte latin estimé alors, furent les seules compensations à la disgrâce de la cour. Cependant lorsqu'il résigna sa charge à son fils, en 1689, le Roi daigna lui donner des lettres de conseiller d'honneur (31 janvier 1690).

Daniel Cholier fit quelques fondations pieuses, entre autres dans l'église de Mizérieux.

En 1695, il fit renouveler, par le notaire Divat, le terrier des rentes nobles de Cibeins [1].

Daniel Cholier, écuyer, avait épousé, en 1663, damoiselle Geneviève Amyot, fille de messire André Amyot, chevalier, baron d'Albigny et de Bully, seigneur de la Mollière, Montromand, la Roüe, Chambray, Vaumas, etc., conseiller d'État en France et conseiller au conseil de Dombes, maître des requêtes du parlement de Dombes [2].

Douze enfants naquirent du mariage de Daniel Cholier avec Geneviève Amyot ; neuf vécurent :

1° PIERRE, qui suit ;

---

1. Ces rentes s'étendaient, avant 1789, sur les paroisses de Mizérieux, Sainte-Euphémie, Ars, Juys, Saint-Didier-de-Formans, Parcieux, Toussieu, Trévoux, Jassans, Reyrieux, Poulieux, Saint-Jean-de-Thurigneux, Ambérieux, Limandas, Rancé, Messimy, Frans et Saint-Bernard, en Franc-Lyonnais.

2. La famille Amyot, disent de Rubis et Pernetti, est « l'une des bonnes et anciennes de Lyon. » En effet, noble Jean Amyot était sacristain de Fourvières en 1410 ; Claude Amyot, seigneur de Chambray, lieutenant de la compagnie du duc de Nemours, sous Henri IV ; Olivier Amyot, seigneur de la Moche, chevalier de Saint-Michel, et A. Amyot, custode de Sainte-Croix, a laissé un nom dans l'église lyonnaise par ses vertus : ce fut lui et le P. Auger, jésuite, qui furent députés, en 1582, pour aller rendre le vœu solennel de la ville à N.-D. de Lorette, après la peste. V. Pernetti, t. I, p. 400, et de Rubis, p. 404.

2° JOSEPH CHOLIER, seigneur de la Moche, entra au service en 1689, capitaine de cavalerie l'année suivante, assista aux batailles de Leuze, Steinkerque, Nerwinde, Chiari, etc., aux siéges de Namur, Charleroy, Ath, Verceil, Yvrée, et à nombre d'affaires. Le 30 août 1704, le duc de Vendôme, apprenant, au camp d'Yvrée, la défaite de Hochstet, détacha M. de la Moche à la tête du régiment commissaire général de la cavalerie, dont il était premier capitaine-commandant, au secours du grand Prieur que les Impériaux menaçaient dans le Milanais. Joseph de Cholier, seigneur de la Moche, périt devant Crémone, le 22 septembre, au moment où ce commandement important lui assurait un brillant avenir. Il fut inhumé dans l'église de Saint-Vincent de Crémone;

3° FRANÇOIS DE CHOLIER, seigneur de la Moche, après la mort de son frère, servit dans l'infanterie, et, en qualité d'aide-major général des armées du Roi, dans les armées de la Moselle et du Rhin, de 1705 à 1713, commanda, en 1705, dans la ville de Bitche, et fut de toutes les batailles de ces deux armées. Comme, après celle de Friedling, il complimentait Villars, nommé maréchal de France, ce grand homme lui dit, devant tous les officiers, qu'il devait s'intéresser, en qualité de parent, à ce qui lui arrivait. François de Cholier fut créé chevalier de Saint-Louis en 1712; il avait eu une commission de colonel la même année. Enfin il fut honoré du titre de brigadier des armées. Il se battit cinquante-deux fois en duel dans le cours de sa carrière. Il mourut à Lyon, en 1742, après une retraite de trente ans;

4° OCTAVE CHOLIER, chanoine et chantre de Saint-Paul de Lyon, prieur de Saint-Symphorien d'Ozon, l'un des juges de la chambre souveraine du clergé de France, mort en 1749;

5° Étienne Cholier, prêtre chanoine de Saint-Antoine, longtemps supérieur de la maison de Metz, enfin visiteur général de cet ordre noble et hospitalier, mort en 1761, à 91 ans[1];

6° Anthelme Cholier, chartreux;

7° Marie, religieuse à Saint-Benoît;

8° Jeanne, mariée à messire Gaspard Le Viste, écuyer, seigneur de Briandas et Mondemangue, conseiller et maître des requêtes au parlement de Dombes;

9° Marie-Anne, religieuse à Saint-Benoît.

PIERRE DE CHOLIER, chevalier, comte de Cibeins, baron d'Albigny, seigneur de Bully, le Breuil, Layel, Mon-

---

1. Étienne Cholier bénit, le 29 juin 1718, par délégation de Monsieur de Villeroy, archevêque de Lyon, la chapelle de Cibeins, bâtie l'année précédente à la place d'une autre qui avait plus de deux cents ans d'existence, mais qui était située dans l'intérieur du château; il mit sous l'autel les reliques de saint Hurbin et de sainte Aurée, martyrs, à lui données, à Rome, en novembre 1712, par le cardinal Capregna, qui, par ordre du pape, les avait fait extraire du cimetière cyriaque. Monsieur de Villeroy permit, le 20 juin 1718, « à tous prêtres séculiers et réguliers dûment approuvés d'y célébrer le saint sacrifice de la messe à toute heure, même les jours exceptés par les règlements généraux du diocèse, et d'y administrer les sacrements d'eucharistie et de pénitence à messire Pierre Cholier, chevalier, etc., et à sa famille, à qui, par grâce spéciale, nous accordons et aux siens le droit de sépulture dans ladite chapelle. »

Le pape Pie IX a daigné enrichir cette chapelle de précieux priviléges; il l'a, en dernier lieu, par un bref du 23 mars 1855, adressé à l'évêque de Belley, rendue publique avec permission, à perpétuité, d'y conserver le saint sacrement.

tromand (ces cinq dernières terres en Lyonnais), Mizérieux, Sainte-Euphémie, naquit à Lyon le 10 novembre 1664 ; il fut tenu sur les fonts baptismaux par Pierre Cholier, conseiller d'État, son aïeul paternel, et par Antoinette de Bonnay-Vaumas, femme du baron d'Albigny, aïeul maternel, et sœur de Jean de Bonnay, comte de Lyon. En 1689 il fut nommé conseiller en la sénéchaussée et présidial de Lyon, sur la résignation de son père ; la même année, premier conseiller, lieutenant particulier et assesseur criminel auxdits siéges, président de la chambre de la santé de la ville de Lyon ; Louis XIV parla avec éloges de la manière dont il en remplit les fonctions ; en 1699 l'un des juges syndics et députés généraux de la chambre souveraine du clergé de France, syndic de la noblesse de Dombes, assesseur de la juridiction primatiale de Lyon ; en 1705 président à la cour des monnaies créée en cette ville par Louis XIV ; en 1709 commissaire de Sa Majesté dans la généralité de Riom, avec des pouvoirs extraordinaires, pour faire cesser les troubles occasionnés en Auvergne par la cherté des grains. En 1715, le maréchal de Villeroy, gouverneur du Lyonnais, nommé par le testament de Louis XIV gouverneur de la personne du jeune Roi, se trouva dans l'impossibilité, jusqu'à la majorité, de se rendre à Lyon. Cette ville avait le privilége que son prévôt des marchands fût, en l'absence du gouverneur, commandant pour le Roi de la ville et des troupes ; la prévôté alors augmentait beaucoup d'importance ; le président Cholier, jugé digne de remplir ce poste, y fut placé par lettre de cachet. Les désordres financiers de la régence rendirent sa tâche difficile ; le peuple se souleva la seconde année de son commandement ; il dissipa l'émeute par son sang-froid, se présentant d'abord seul aux rebelles ; n'employant la force que lorsqu'un sergent d'arquebusiers eut été tué à côté de lui. Le régent, à qui le maréchal de Villeroy rendait compte de l'affaire, fit transmettre au commandant les éloges les plus flatteurs. A l'époque de Law, le président Cholier, défendant les intérêts du commerce lyonnais, empêcha pendant six mois l'introduction des billets dans la ville; il prit aussi de sages mesures pour la préserver de la contagion de la peste de Marseille; elle crut, après Dieu, lui devoir son salut, et lui offrit en reconnaissance un meuble magnifique. Sous sa prévôté furent terminées les façades de Bellecour; il contribua à leur achèvement en faisant construire un hôtel que son fils et son petit-fils habitèrent jusqu'à la Révolution.

Cibeins, qui jusque-là n'avait porté que le titre de maison forte, fut érigé en fief, le 3 mai 1707, pour Pierre Cholier, en considération « des services rendus par Daniel, Pierre, Alexandre, Marc-Antoine, Claude Cholier et plusieurs autres de ses ancêtres, en qualité de conseillers au parlement de Dombes, procureurs généraux et intendants en ladite souveraineté depuis plusieurs siècles. »

Des lettres patentes du 10 juin 1721, enregistrées en parlement le 7 juillet suivant, érigèrent encore en faveur du même « Pierre de Cholier, chevalier, seigneur de Cibeins, Mizérieux, Sainte-Euphémie, syndic depuis plus de vingt ans de la noblesse de Dombes, la terre et château de Cibeins, ladite paroisse de Mizérieux, justice haute, moyenne et basse, et de Sainte-Euphémie, avec leurs dépendances, qui sont de qualité requise et d'un revenu considérable, en titre, nom, dignité et prééminence de comté, pour en jouir et user par ledit sieur de Cholier et ses descendants en légitime mariage. »

En 1729, Pierre de Cholier reçut des lettres de conseiller d'honneur au parlement de Dombes.

Le 12 juillet 1730, il fut nommé intendant de la souve-

raineté sans avoir sollicité cette charge ; la lettre que le duc
du Maine lui écrivit en réponse à son acceptation en fait foi
et prouve, ainsi que celle de la duchesse, l'estime qu'inspirait
son caractère[1].

La confiance de ce prince en lui n'avait pas de bornes ; il
défendit (10 mars 1732) à son procureur général, à toutes les
cours et aux juges de prendre aucune connaissance des per-
sonnes détenues dans les prisons de Trévoux par les ordres
de Pierre de Cholier. La modération connue du duc du Maine
et sa douceur témoignent de la justice de celui à qui il con-
fiait une pareille autorité.

Pierre de Cholier avait voué au chevalier de Saint-Georges
(Jacques III), Roi catholique et légitime d'Angleterre, privé
par le régent de l'asile que lui avait ouvert en France la ma-

1. Voici ces lettres :

« Compiègne, le 16 juillet 1730.

« La grâce dont vous me remerciez, Monsieur, en acceptant l'inten-
dance de ma souveraineté, que je vous ay fait offrir, est bien au-dessous
des services que vous estes en estat de m'y rendre. Vous succédez à un
digne homme, que je regretterois davantage, si je ne retrouvois en vous
le même zèle pour le gouvernement de mes affaires et celles du public.
Je vous les remets, Monsieur, avec toute la confiance qui vous est due
et ne sçaurois vous en donner des marques plus assurées qu'en cette occasion. »

« A Sceaux, le 19 août 1730,

« Monsieur le duc du Maine ne pouvoit donner, Monsieur, l'inten-
dance de sa souveraineté à personne qui me fût plus agréable que vous ;
mes suffrages ont accompagné son choix et je suis très-aise qu'en remettant
ses affaires et son authorité en d'aussy bonnes mains que les vostres,
l'occasion se soit présentée de vous donner, Monsieur, cette nouvelle
marque de nostre estime et de nostre confiance. »

(Archives de l'Empire, carton E, 2786.)

gnanimité de Louis XIV, un dévouement chevaleresque. Les lettres de l'illustre proscrit à M. de Cholier, dont il se dit le *bon amy*, parlent de sa gratitude et de l'envie qu'il aurait de la lui prouver. Il lui envoya d'Italie son portrait, celui de la Reine Marie Sobieska, sa femme, et des princes leurs enfants, Charles-Édouard et le cardinal d'York.

Pierre de Cholier, comte de Cibeins, mourut en 1738. Il est enterré dans l'église d'Ainay. Sa femme, Louis-Hector son fils et ses deux femmes, l'abbé Octave Cholier, François de Cholier, seigneur de la Moche, y reposent aussi. La révolution a fait disparaître les traces extérieures de leurs sépultures. Elle a détruit absolument l'église Sainte-Croix, où étaient inhumés Pierre et Daniel Cholier avec leurs femmes, Alexandre Cholier et Anne de Serracin.

Pierre de Cholier avait épousé, en 1694, Marie-Anne Baronnat[1]. Douze enfants naquirent de ce mariage; six vécurent, savoir :

MARIE, qui épousa, en 1712, messire Horace Vande, écuyer, seigneur de Saint-André, Limonest, etc.;

BLAISINE, religieuse de la Visitation, longtemps supérieure du monastère de Châlon-sur-Saône, plus longtemps de celui

---

1. « Les Baronnat sont très-anciens à Lyon... Ils fournissent des chevaliers de Malthe depuis plus de deux cents ans. Ils ont possédé et possèdent encore des charges considérables dans la province du Dauphiné. » (Pernetty, Lyonnais dignes de mémoire, t. I, p. 382.) — On pourrait ajouter qu'il y a eu des branches florissantes de cette maison en Forez, en Bourgogne et en Languedoc, et qu'elle a fourni des dignitaires à la Dombes et au Beaujolais.

de l'Antiquaille. Madame Louise de France l'estimait et lui faisait l'honneur de lui écrire souvent;

MARIE-ANNE, femme de messire Hugues Jannon, conseiller à la cour des monnaies de Lyon; elle eut deux filles, dont l'une fit Claudine-Octavie de Cholier, sa cousine, son héritière; l'autre épousa Jean-Benoît Cachet, comte de Garnerans, dernier premier président du parlement de Trévoux;

LUCRÈCE, mariée en 1727 à messire Pierre de Riverie, chevalier, marquis de la Rivière, seigneur de Villechêne et Donzy, officier dans le régiment Royal-Vaisseaux;

LOUIS-HECTOR, qui suit;

ANNE-MARIE, mariée, en 1743, à messire François Dauphin, chevalier, baron de Saint-Romain, seigneur de Verna et chevalier de Saint-Louis.

LOUIS-HECTOR DE CHOLIER, chevalier, comte de Cibeins, baron d'Albigny, etc., naquit en 1707 et mourut en 1757. Il eut pour parrain le maréchal de Villars. Il fut président en la cour des monnaies, sénéchaussée et présidial de Lyon, lieutenant particulier assesseur criminel, l'un des juges de la chambre souveraine du clergé, etc. Il épousa : 1º en 1735, Marie-Jeanne, fille aînée de messire Barthélemy-Joseph Hesseler, chevalier, baron de Bagnols et de Marzé, seigneur du Bois-d'Oingt, etc., conseiller d'honneur en la cour des monnaies, et de Marguerite-Pupil de Cuzieu; 2º en 1741, Antoinette Planelli, fille de messire Jean-Baptiste Planelli-Mascranni, chevalier, seigneur de la Valette, Charly,

Vernaison, du Vivier, Montagneux, et de dame Claude de
Serre.

La famille Planelli est venue en France du royaume de
Naples où elle existe à Bitondo, au duché de Pouille, depuis
1261. Laurent Planelli, vivant en 1480, eut deux fils : 1° Chris-
tophe, qui a fait la branche subsistant encore avec honneur
en Italie, où elle a fourni plusieurs gouverneurs de ville et
nombre de chevaliers de Malte ; 2° Jean-Antoine Planelli,
auteur de la branche française. Ce dernier suivit Isabelle
d'Aragon-Naples, mariée au duc de Milan, en qualité de
gentilhomme. Elle lui fit épouser une héritière dans l'état de
Gênes. Baptiste, son petit-fils, fut agrégé à la noblesse de
cette république en 1557. Il prit pour femme, en 1560, Isa-
beau d'Agnola, cousine germaine du pape Innocent IX, et
vint s'établir à Lyon la même année. Laurent Planelli, son
arrière-petit-fils, fut marié à Laure Mascranni, héritière
d'une branche de cette maison, à la charge d'ajouter son nom
au sien et d'en écarteler les armes. Il fut l'aïeul d'Antoinette
Planelli, comtesse de Cibeins. Elle avait elle-même deux
frères ; l'aîné, Laurent Planelli, seigneur de la Valette, baron
de Maubec et de Bourgoin, laissa pour fils unique le marquis
de Maubec, mort en 1833, maréchal de camp et cordon rouge.
Le marquis de Maubec avait été député de la noblesse aux
états généraux. C'est sur lui que fut confisquée, au nom de
la nation, la célèbre bibliothèque de la Valette, l'une des
curiosités de Lyon au XVIIIe siècle, et qui contenait tant de
documents précieux sur les provinces lyonnaises et la Dombes [1]. Le second, Joseph Planelli de la Valette, eut plusieurs
filles et un seul fils, Charles-Laurent Planelli, marquis de la

---

1. V. la Notice historique sur la Bibl. la Valette, par M. Auguste
Bernard.

Valette, longtemps député sous la Restauration, maire de Grenoble, préfet, chevalier de Saint-Louis, mort en 1855, à 93 ans, ne laissant qu'une fille unique, madame la vicomtesse du Bouchage, seule personne existante de la branche française. Cette famille mérite assurément une mention dans les annales de la Dombes, tant à cause des richesses historiques qu'elle lui a conservées que parce qu'elle représente la famille Mascranni, qui avait donné un premier président à son parlement. Charles d'Anjou, frère de saint Louis et Roi de Naples, accorda à MM. Planelli le droit d'arborer son manteau royal derrière leurs armes.

Du mariage de Louis-Hector de Cholier, comte de Cibeins, avec Antoinette Planelli, vinrent :

FRANÇOIS-LOUIS-LAURENT, mort jeune ;

LAURENT-GABRIEL-HECTOR, qui suit ;

MARIE, qui épousa, en 1768, messire Marie-François-Ennemond de Tocquet de Montgeffond, marquis de Meximieux, massacré à Lyon ;

CLAUDINE-OCTAVIE, mariée, en 1764, à messire Jean-Baptiste Charrier, chevalier, baron de la Roche, seigneur de Chenas, Saint-Jacques-des-Arrèts, etc., président à la cour des monnaies de Lyon, décapité après la prise de la ville ;

LOUIS-ALEXANDRE DE CHOLIER, appelé le chevalier de Cibeins, seigneur de Beaumont, Saint-Étienne-de-Chalaronne, Chazelles, Dompierre en partie, etc., chevalier de Saint-Louis, capitaine-commandant au régiment colonel général des dragons, lieutenant des maréchaux de France en Dombes, fit la campagne de 1792 dans l'armée des princes.

La nation vendit ses terres, à l'exception de Chazelles, qui appartient aujourd'hui à M. le marquis de Harenc[1], fils de Guillemette-Antoinette Charrier de la Roche et petit-fils de Claudine-Octavie de Cholier. Le chevalier de Cibeins n'eut qu'un fils, mort jeune, de Marie-Anne Colabeau de Juliénas.

LAURENT-GABRIEL-HECTOR DE CHOLIER, comte de Cibeins, baron d'Albigny, seigneur de Bully, Mizérieux, Sainte-Euphémie, le Breuil, Layel, Montromand, la Moche, né en 1750, mort en 1815, entra jeune aux mousquetaires, obtint une compagnie dans le régiment commissaire général de la cavalerie et devint successivement capitaine-commandant et premier chef d'escadron de ce régiment. Il avait, suivant la mode de ce temps, étudié en Prusse la tactique militaire, sous le grand Frédéric, qui l'admit à ses manœuvres de Silésie (1774). Monsieur de Cibeins a laissé de ce voyage et d'autres dans plusieurs cours de l'Europe, où il fut présenté (V. la *Gazette de France,* mars 1775), une relation intéressante. La Révolution le trouva dans son grade de premier chef d'escadron. Il n'émigra pas d'abord, pensant qu'il valait mieux défendre le Roi en France, aussi consacra-t-il tous ses efforts à maintenir dans la fidélité ceux qui dépendaient de lui. A la fin de 1790, comme il venait de faire faire la parade

1. Claude-Marie-Madeleine-Scholastique, marquis de Harenc de la Condamine, mort à Paris, le 29 juin 1866, sans postérité; sa maison, l'une des plus nobles et des plus anciennes de Forez, s'est éteinte le 27 juin 1869 par la mort de sa sœur, la comtesse Jeanne-Marie-Françoise-Caroline de Harenc, dame du chapitre roual de Sainte-Anne à Munich, si connue par sa vie sainte et entièrement vouée au service de Dieu, de l'Église et des petits de ce monde. Elle a laissé la terre d'Ampuis sur le Rhône au comte Léonot de Cibeins, son cousin.

sur la place de Falaise au régiment, qu'il commandait par l'absence de grades supérieurs au sien, la municipalité vint lui présenter la cocarde tricolore; il la refusa en disant : « J'ai reçu du Roi la cocarde blanche, je n'en prendrai jamais d'autre que de sa main. » Il ne cessa néanmoins d'être porté sur les contrôles du régiment que le 10 mai 1792. Alors retiré à Lyon, le comte de Cibeins ne quitta cette ville, où il était demeuré avec sa femme et tous ses gens pendant le siége, qu'après sa reddition et au milieu de dangers inouïs.

Le comte de Précy écrivait en décembre 1814 : « Monsieur le comte de Cibeins a servi avec la plus grande distinction pendant le siége de Lyon, en qualité d'officier; il a concouru avec le plus grand zèle à la défense de cette ville et a, dans toutes les occasions, déployé autant de bravoure que de talents militaires; » et deux mois auparavant : « Il a rendu pendant le siége de Lyon, par son intelligence et sa bravoure, les plus grands services. »

Couthon avait témoigné à sa manière de la conduite de M. de Cibeins dans ces funestes circonstances, en choisissant son hôtel pour commencer solennellement les dévastations révolutionnaires : « Au-devant de la maison Cibeins... Gouthon... le bras levé et prêt à frapper, a dit : « Nous frap-« pons de mort ces habitations du crime dont la royale « magnificence insultait à la misère du peuple et à la sim-« plicité des mœurs républicaines. Puisse cet exemple terrible « effrayer les générations futures et apprendre à l'univers « que si la nation française, toujours grande et juste, sait « honorer et récompenser la vertu, elle sait aussi abhorrer le « crime et punir les rebelles! » A ces mots les représentants du peuple ont frappé la maison proscrite, etc. [1] »

---

1. V. le procès-verbal de ces démolitions dans L. Boitel.

Le Roi, à sa rentrée, créa le comte de Cibeins colonel de cavalerie et chevalier de Saint-Louis.

Il avait épousé, en 1780, Marie-Françoise-Suzanne de Drée, fille d'Antoine, baron de Drée, capitaine des vaisseaux du Roi, chevalier de Saint-Louis, commandant en chef de la marine à Minorque, en 1758. Chérin, dans les *Preuves de cour*, dit que « la maison de Drée, l'une des plus anciennes de Bourgogne et qui joint à cet avantage des services et des alliances avec les meilleures races de cette province, est connue depuis Aubert de Drée, seigneur du château de Drée, en l'année 1131. »

Suzanne de Drée, comtesse de Cibeins, morte en 1816, a été enterrée près de son mari, dans la chapelle de Cibeins, où l'on a écrit sur leur tombeau ces quatre vers :

> Unis pendant le calme et pendant la tempête,
> Dans la même espérance et dans la même foi,
> Ensemble ils ont servi Dieu, l'honneur et le Roi,
> Ensemble sous la croix ils reposent leur tête.

Deux fils naquirent de leur mariage :

1° JEAN-HECTOR-ANTOINE DE CHOLIER, comte de Cibeins, chevalier de Saint-Louis et de la Légion d'honneur, officier supérieur au régiment d'Angoulême, mort en 1843, sans enfants mâles, marié en 1811 à Françoise-Louise, fille aînée de Gabriel de Savaron, chevalier de Saint-Louis;

2° ADOLPHE-GILBERT-THÉRÈSE DE CHOLIER, comte de Cibeins, né en 1784, mort en 1852. D'abord destiné à l'ordre de Malte, il a servi comme maréchal des logis dans le 4e régiment des gardes d'honneur et pris part aux batailles de

Leipzig et de Hanau, fait la campagne de 1813 et celle de 1814, en Champagne. Au retour de la campagne de Leipzig la demande d'une lieutenance dans le régiment fut faite pour lui au ministre, par le colonel-major; les événements la rendirent sans effet. M. de Cibeins entra dans les mousquetaires (6 juillet 1814); le 19 mars 1815, le Roi paya la dette de l'Empire envers lui en le faisant chevalier de la Légion d'honneur. A cette époque, M. de Cibeins accompagna Sa Majesté dans sa retraite, jusqu'à la frontière, et quitta le service avec le brevet de lieutenant de dragons.

De son mariage, contracté en 1817, avec mademoiselle d'Estampes[1], fille de Louis-Félicité-Omer, marquis d'Estam-

---

1. Madame la comtesse de Cibeins est morte à Paris, le 3 décembre 1869; elle était née au château de Mauny, en Rômois, le 30 janvier 1794. Le souvenir de ses vertus et de son admirable perfection ne pourra s'effacer des cœurs qui l'ont connue : son éloge se trouve dans toutes les bouches, il en est un qui, tracé par la main Royale la plus auguste, doit trouver place ici à l'honneur de sa mémoire, c'est la lettre suivante que Monsieur le comte de Chambord a daigné écrire à l'un de ses fils :

« Frohsdorf, le 8 décembre 1869.

« En apprenant, mon cher Cibeins, le malheur qui vous frappe, je veux vous exprimer ici, moi-même, la part bien vive que, ma femme et moi, nous prenons à votre affliction filiale. Sachant combien vous aimiez tendrement l'excellente mère qui vient de vous être enlevée, je comprends le vide que sa perte laisse dans votre cœur et dans votre existence. Vous puiserez les seules consolations qui puissent adoucir l'amertume de vos justes regrets dans les pensées de la foi et dans la certitude que celle que vous pleurez est allée recevoir au ciel la récompense de sa belle vie et de ses hautes vertus. Soyez, auprès de toute votre famille, l'interprète de notre douloureuse sympathie et croyez, plus que jamais, à ma gratitude pour votre inaltérable dévouement et à ma constante affection.

« HENRI. »

pes, et de Christine Rouillé du Coudray, sont nés quatre enfants[1].

ARMES DE LA FAMILLE CHOLIER : *d'or, à 3 bandes de sable, au chef d'azur chargé d'un lion passant d'or.*

I. 1° HECTOR-CHRISTIAN DE CHOLIER, comte de Cibeins;

2° PIERRE-MARIE-CAMILLE DE CHOLIER, comte Pierre de Cibeïns;

3° LAURENT-GABRIEL-LÉONOR DE CHOLIER, comte Léonor de Cibeins, marié le 30 octobre 1861, à Berthe de Moyria, fille aînée de Barthélemy Régis Abel, dernier marquis de Moyria Chatillon, et de Suzanne, fille du dernier marquis de Longecombe Thoy, morte le 10 octobre 1862. De ce mariage : Suzanne-Hectore-Marie-Alexandrine de Cholier de Cibeins, née le 1er octobre 1862;

4° CHRISTINE-SUZANNE DE CHOLIER de Cibeins, agrégée aux dames nobles de Thérèse en Bavière depuis janvier 1862.

PARIS. — IMPRIMERIE J. CLAYE, 7, RUE SAINT-BENOIT. — [1500]

J. Claye, imprimeur
Benoit z à paris